이 봄을 달래 달래

하미정 시조집

상상인 시선 050

이 봄을 달래달래

시인의 말

분홍분홍
피어난 빗소리에

함축된
언어로 쓴 계절을 살았습니다

꽃의 자서전을 펼치고
이제 봄으로 갑니다

2024년 8월
하미정

차례

1부 이제 막 태어난 고백

무화과를 풀다	19
바람개비	20
토마토 신호등	21
달래	22
사과의 고요	23
나의 아름다운 수국	24
샐러드를 탐하다	25
김밥	26
쉼, 마시다	27
그런 날	28
장아찌	29
5월엔	30
횡재	31
여행	32
인삼 막걸리	33

2부 빨강이 짐이 된다면
　　　 꽃을 놓아도 좋아요

가려운 월요일	37
존재	38
산책을 읽는 시간	39
당근	40
장미에서 만나요	41
청춘 국수	42
또, 사랑	43
계절은 미완성	44
접시꽃	45
초코파이	46
자사호紫沙壺	47
샐러리맨의 하루	48
어느 오후의 피치카토	49
현에 젖다	50
별을 향해 가는 여행	51

3부 침묵했던 숲들이
　　　　말할 수 있도록

환청	55
코스모스 피면	56
공손한 편의점	57
겨울 후後	58
아침에 서면	59
침묵의 숲	60
여름 난로	61
철거촌	62
피어나는 팝콘	63
화분의 시간	64
폐타이어에 멈추면	65
못의 산책	66
바람 분다	67
희망 적금	68
내일의 자전거	69

4부   지웠다 다시 쓴 말들을
             당신께 실어 나른다

단풍에 물든 시	73
해방된 가계부의 하루	74
회상	75
살다, 식물처럼	76
명랑한 계단	77
나는 봄을 가지러 왔다	78
옷걸이	79
당신이란 동쪽	80
딜레마	81
합격 통지서	82
변명	83
벚꽃편지	84
양파의 기억을 벗기면	85
빈 병	86
봄으로 갑니다	87

해설 _ 활달한 이미지즘과 명랑한 기분의 탄생	89
전해수(문학평론가)	

1부

이제 막
태어난 고백

무화과를 풀다

한순간은 꽃이었다
한순간은 열매인

미숙의 계절 지나 짓무른 그리움에

여름이
데려와 머물며
풀어놓은 완숙미

바람개비

주인 없는 바람이
꽃으로 접은 마음

잠 못 드는 새벽 벌레들 꿈을 지나

한 송이
적막을 붙잡고
날아가는 저 개화

토마토 신호등

계절이란 무게에
휘청이는 줄기 하나

설익은 마음이 초록에 멈춰섰다

신호등
붉게 켜지면
다시 한번 출발이다

달래

약해졌던
마음에 초록 근육 붙는다

시간을 자른 단면
고였던 겨울 진액

한 접시
무쳐 나온 향이 봄을 달래달래

사과의 고요

비탈진 가지에
아픈 바람 머물고

사각, 베어 물면 입안에 고이는 고요

접시 위
남겨둔 후회
햇살에 익어간다

나의 아름다운 수국

가는 줄에 아슬아슬 매달린 수국 하나

한순간 툭! 하고
부러질까 무서워

두 손에
받치고 보니
할머니 남색 치마

샐러드를 탐하다

대지가 만들어 낸
최초의 초록 언어

땅속의 이야기들
접시에 써 내려간

이제 막
태어난 고백
자연에 뒤섞인다

김밥

고슬한 글밥 위에
잘 데친 시어$_{詩語}$ 깔고

비장의 메타포는
살짝 숨겨 말았다

드디어
선생님 드신다
맛 평가는 몇 점일까?

쉼, 마시다

밑줄 그은 시간들 살며시 덮어두고

넘칠 듯 찰랑이는 오후 4시 마시면

꽃들이

진행하는 골목은

헐렁해진 일요일

그런 날

연잎에
내린 빗물 햇빛 들어 마르면

잔잔한
심연에
던져진 돌 하나

그리운 연꽃 하나가 바람에 서 있네요

장아찌

상해버릴 마음을 간장에 절인다

밀봉된 슬픔들이
견딜 만큼 익으면

인생은
더 짜지지 않아
살만큼 간이 맞는다

5월엔

그 골목
돌아가면 라일락 만발하던

동심으로
향해 가는 그리움의 걸음에

옛 향기
떠나버리고 모퉁이만 남아있네

횡재

싱싱한 문장 하나
창가에서 졸고 있다

나른하게 늘어진 햇살 한 줌 감고서

탁! 하고
낚아챈 손에서
파닥파닥 뛰고 있다

여행

파랑처럼 출렁이는
산수유 툭툭 피는

바다 틈 숨어 있던
봄빛을 풀어내는

참! 달다
잘 익은 봄맛
입안 가득 삼켜볼까?

인삼 막걸리

한밤중 정이 고프면
막걸리를 드신다는

아버지 술잔에는 외로움이 절반

온다는
딸들의 전화
최고의 안주란다

2부

빨강이 짐이 된다면
꽃을 놓아도 좋아요

가려운 월요일

바싹하게
말라버린 저녁을 긁어요

내일은
가렵지 않은 새살이 돋을까요

잘 있니?
엄마 전화에
딸려 온 연고 하나

존재

새를 품은 나무는
그의 음을 갖는다

날개의 후렴을 잡아 놓고 휘어진 현

바람이
악기를 퉁기면
푸드덕 깨어난다

산책을 읽는 시간

동쪽에 든 햇빛 따라 캡 쓰고 걸어오는 오후

읽지 못한 마음이
곳곳에 깔려 있어

바람이
읽다 간 나는
언제부터 흔들려서

착실한 마음을 따라서 걷다 보면

저 홀로 피어있는
하늘색 물망초

꽃보다
먼저 꽃물 터트려
슬픔의 시간 지운다

당근

식탁 위의 형광펜
접시에 쓴 기출문제

뿌리내린 노을이며
땅속 밝히는 등대

주홍색
단검을 잡고
입안 슬픔 자른다

장미에서 만나요

빨강이 짐이 된다면
꽃을 놓아도 좋아요

화상 입은 담장에
꽃무늬 수를 놓고

오월이
진다 해도 우리
장미에서 만나요

청춘 국수

복지관 어르신들
운영하는 작은 식당

유난히 추운 마음
주문한 잔치국수

한 그릇 담아준 온기 집에 온 손녀처럼

청춘을 갈아 넣어
부쳐 내온 감자전

흙 묻은 마음 껍질
순백으로 익혀져

모나게 굴었던 하루 주름미소에서 녹는다

* 청춘 국수 : 대동복지관에서 노인 일자리 사업의 일환으로 할머니들이 운영하는 작은 식당.

또, 사랑

찬 아침 바람에
떨어진 꽃잎 하나

또 하나의 봄빛이
내게서 멀어질 때

내 방에
또 누군가가
분홍을 놓고 갔네

계절은 미완성

미련이란 펜을 잡고
망설이는 마침표

보내야 할 당신을
독촉하는 계절이

미완성
가을 한 권을
아직도 퇴고 중이다

접시꽃

캄캄한 나의 방에
달빛 한 장 앉으면

갇혀 있던 꿈들이
영롱히 어룽지고

접시꽃
하얗게 깨어
아침 문 열고 있다

초코파이

눌어붙은 외로움
봉투 하나 뜯는다

마시멜로 같았던 하얀 밤 베어 물면

배고픈
모든 감정이
초콜릿으로 녹아버려

카카오의 시간은
검고도 둥근 시간

유통기한 한참 지난 빈 곽에 몸을 눕고

집으로
돌아오지 못한
정 하나 기다린다

자사호紫沙壺

찻잎을 우려내는 달빛의 고운 노래
자사호 깊은 물에 풀어내는 알몸의 향

자줏빛
흔들림으로 가슴 하나 떠오른다

살포시 시름 놓고 몸을 푸는 한 잔의 차
만리장성 지척같이 넘나드는 맛의 여정

수만 년
흘러온 황하 내 안으로 길을 연다

* 자사호 : 주로 보이차를 마실 때 사용하는 다기로 중국 장쑤성 이싱에서 생산된다. 작은 주전자 모양으로 갈색이나 자주색을 띤다.

샐러리맨의 하루

가방에서 사라진 '그'라는 명함은

어느 바닥에서
뒹굴고 있을까요

그림자 뒤에 두고서 서성이는 슬픔에

문득, 돌아보면
둥근 적 없던 청춘

곡선의 생각들 일으켜 세우면서

오늘도
최저 시급을
수거하는 샐러리맨

어느 오후의 피치카토

평화롭던 오후에
튕겨 나온 멜로디

팽팽해진 현으로
툭, 내뱉는 시비 하나

싸움에
터진 음표들
요란하게 연주된다

* 피치카토Pizzicato : 현을 손가락으로 튕기어 음을 내는 반주법.

현에 젖다

봄이란 빗소리는 분홍분홍 복사꽃

만개한 그리움에
내리치는 비의 현

흩어진
수만의 꽃잎
가슴으로 내린다

별을 향해 가는 여행

문자보다 별을 먼저 그렸던 인간 문명
갈릴레오가 바라본 망원경의 별에서
시작된
물리학처럼
읽지 못한 별 찾아

최초의 유인 우주선 정거장 도킹 성공
민간인에 의해서 열린 우주 시대
인류와
우주 랑데부
긴 여정 시작되고

무한의 세계 위로 누리호가 날았다
자력의 우주 로켓 소망과 미래 싣고
꿈꿔 온
별을 향한 모험
동화 속 소행성으로

3부

침묵했던 숲들이
말할 수 있도록

환청

떠난 페이지마다
구겨 놓은 사막의 밤

글자들 사이로 쏟아지는 모래바람

남겨둔
그 목소리가
자고 나면 넓어져요

코스모스 피면

당신이 있을 때도
공허가 깊었던 집

남겨진 흔적들이
빈 창가 버틸 동안

그리움
모퉁이 돌아
한 걸음 오고 있네

공손한 편의점

두려운 가난만
진열되어 있는 곳

유통기한 지난 생활 집어서 넣으면

입안에
각진 비명과 씹히는 검은 밥알

계산대 앞에 서면
공손해진 삶의 그늘

문득 빈 것들이 정겹게 보일 때 있어

슬픔이
목이 메어도 행복한 삼각김밥

겨울 후後

해진 세월 기우는
노파의 시린 등에

겨울이 하역한 바람 손끝이 시려 와도

기운 생
다시 입고서
돌아올 봄 기다린다

아침에 서면

먼 시간이 만나 먼 웃음이 만나

선 채로 무너지는
파랑 울음 삼키며

밤새워
파도를 밟고
아침 끝에 오른다

침묵의 숲

얼룩진 농약으로 봄을 잃어버린 숲
짝짓던 새들의 울음소리 베어버린
잔인한
엔진 톱 소리 새들은 떠나가고

소나무 재선충에 뿌리는 살충제
곤충들을 죽이고 벌들이 사라진다
녹색댐
무너지고 나면 밀려오는 거대 홍수

무분별한 간벌로 온난화 가속되고
온실가스 급증은 기후 위기 불러와
폭염과
기후 변화로 발생하는 환경 재앙

탄소 흡수 줄어들고 위협하는 미세먼지
침묵했던 숲들이 말할 수 있도록
환경에
행하는 갑질 이젠 멈춰야 한다

여름 난로

하루에 젖은 신발
마르지 않는 아버지

식은 눈빛에 매달린
엄마의 긴 고드름

아직은
데울 게 많아
끌 수 없는 우리 난로

철거촌

거대한 문신 구렁이 동네를 삼킨다
벽은 숨을 멈추고 맥을 놓아 버렸다
집들은
속이 비었고 공터만이 자란다

빈집 사이를 헤집는 겨울바람
담벼락 점령하는 낙서의 기세에
웅크린
노파의 그림자 벽을 쓸며 지나고

낙서에서 낙서로 이동하는 노파
공허한 시간만이 머리 위로 날면
잘 마른
허물만 공존하는 마지막 삶의 그곳

피어나는 팝콘

거우내 멈춰 있던
기계가 돌아간다

봄바람 기름칠에 예열을 시작하더니

향긋한
꽃 팝콘들을
여기저기 쏟아낸다

화분의 시간

유리문에
다친 손톱
도착한 검은 화분

아프지 않기 위해 기다린 흙의 시간

새순이
쉼표 틔우면 손톱에 꽃이 핀다

폐타이어에 멈추면

동그랗게 감아온 길 앙상한 뼈만 남아
담장을 울리는 뒤축 없는 함성들

바닥을
돌리고 돌린
고단한 바퀴들이

몸을 털면 나오던 고무의 탄 냄새
속도를 늦춘 길 불안이 먼저 달려

종점에
멈춰 선 발이
아버지를 닮아서

못의 산책

상처에서 꺼낸 날씨를 산책한다

진심이라
만진 벽에 튀어나온 거짓이

더 이상
나를 찌르는
대못이 되지 않게

바람 분다

고장 난 무릎에 검은 시간 들어앉아
부어오른 세월에 고인 물 가득해도
조용히
햇살의 속살 발라주던 어머니

약해진 문 안으로 추억은 들어온다
두꺼워진 그리움 더 이상 접히지 않고
후회란
젖은 손으로 켤 수 없는 등불 하나

정리하는 사진에 부서지는 마음 한 장
느리게 번져오는 저녁을 닫으면
살며시
어깨 다독이며 사라지는 바람 하나

희망 적금

새벽을 신다 보면
닳아 있는 구두 뒤축

첫차에서 쪽잠 든
생활을 깨우다 보면

고단한
길의 여정은
어느새 만기이다

내일의 자전거

새벽 거미줄 타고
굴러가는 아버지

삶이란 페달 밟고
돌아가는 커브길

희망찬
내일 구르며 긴 골목 끌고 간다

4부

지웠다 다시 쓴 말들을
당신께 실어 나른다

단풍에 물든 시

가을을 빌려와 그려낸 언어들이

마침표로 물들어
덧칠해진 순간

계절은
나의 색으로 변주되는 캔버스

해방된 가계부의 하루

흘러내린 생활을 잡아서 올리시며
물에 녹은 손금이 마를 날 없도록

어떻게
살아냈나요?
처음 드린 휴가비

구부러진 생활이 펴지지 않는 날들
가난의 통증을 펜으로 흘려 적고

한 번도
떠난 적 없는
엄마의 첫 휴가 날

회상

부서졌을 마음이
시간을 건너왔다

미래란 낱말을 떠올리면 아파서

끝이란
승차권을 끊고
서로 다른 버스를 탔다

살다, 식물처럼

멀어진
마음 열고 흙의 문장 밟으며

빛이란
기억들에 붙잡혀 뿌리내린

바람이 놓고 간 눈물 그리움은 식물성

명랑한 계단

날카로운 햇살에 옆구리 찔린 날

오르막 마침표 찍는
아침이 오지 않아도

내일도
나의 계단은
명랑할 예정이다

나는 봄을 가지러 왔다

녹지 못한 계절이
매일 봄을 결심하면

꽃 속을 무단으로
횡단하던 바람이

살며시
꽃잎 하나를
심장에 넣고 간다

옷걸이

쉼 없이 돌아가는
아버지의 시간에

구겨진 틈 사이로 쌓이는 삶의 무게

어깨가
휘어지도록
소망을 걸고 있다

당신이란 동쪽

필름에 담긴 시간, 순간 혹은 영원은
시간의 색 갖고 싶어 잎새에 들 듯이

우리란
필름에 담겨
싱그럽게 인화되고

거센 풍랑에서 명료하게 보이던
어두운 바다에서 빛나던 당신 섬

온전한
동쪽에 사는 난
언제나 봄이었다

딜레마

내 욕심의 의자는
턱없이 높아지고

닿지 않는 두 발은
허공에서 헤맨다

내릴까?
계속 버틸까?
주저하다 쥐가 난다

합격 통지서

모란의 문 앞에서
흔들던 나의 손은

기별 없는 꽃잎의 이별을 베꼈을까?

끝끝내
오지 않는 향기
오월이 지고 있네

변명

공연히 죄도 없는 문장을 잡아 놓고

걸어야 할 먼 여정
지름길 알려 달라

떼쓰며
길을 묻는다
느려 터진 글발로

벚꽃편지

사락사락 사라락
분홍 편지를 쓴다

넌지시 바람이 못다 한 문장들을

지웠다
다시 쓴 말들을
당신께 실어 나른다

양파의 기억을 벗기면

둥글게 쌓아 놓은
겹겹의 침묵들이

도마에서 쪼개진
연약한 낮달들이

벗겨진
매운 기억들
냄비에서 달아진다

빈 병

가득했던 정열을 어디에 쏟았기에

빈 가슴 열어 놓고
하늘빛 마시는가?

고단한
바람 한 자락 눈짓하며 들어온다

채운 만큼 비어 가는 허망한 꿈의 몸짓

품었던 기억들은
자유 찾아 떠나고

이제는
당신 입김만 기다리며 사는 가슴

봄으로 갑니다

옥탑방에 삽니다
꼭대기는 유리해

날씨를 모아서
옥상에 매답니다

햇살이
다시 출발선에
돌아와 멈춥니다

해 설

활달한 이미지즘과 명랑한 기분의 탄생

전해수(문학평론가)

하미정 시인의 첫 시조집 『이 봄을 달래달래』는 봄의 전령사인 초록 식물 '달래'에서 파생된 "달래달래"의 의태어가 재치 있게 구사된 바와 같이, 선명하고 경쾌한 시어와 시적 이미지들로 가득하다. 시인이 발견하고 중층적으로 묘사한 사물의 이색적인 표현들은 시조의 특징인 3,4 음보 운율을 통해 더욱 생동감 있게 빛나고 있어서 특히 주목된다. 아마도 시조가 지닌 형식을 단지 언어적 제약으로 여기지 않고, 이러한 시조의 형식이야말로 '명랑한' 기분을 유인誘引하는 리듬감을 부여한다는 점을 시인은 잘 알고 이를 의미 있게 구사하고 있는 것으로 여겨진다.

요컨대, 하미정의 시조는 그만의 밝고 활달한 이미지가 돋보이며, 특히 단시조의 아름다움을 잘 살려내고 있다. 또한 이러한 특징의 저변에는 '계절'(특히 하미정 시인은 겨울을 이겨낸 생동하는 '봄'에 주목한다)에 대한 관심과 자연에 대한 사색이 주요한 역할을 하고 있으며, 이 "계절은 나의 색으로 변주되는 캔버스"(「단풍에 물든 시」에서)에 의해 드러나는 하미정 시인만의 시니피에임을, 유감없이 보여주고 있다.

계절이란 무게에
휘청이는 줄기 하나

설익은 마음이 초록에 멈춰섰다

신호등
붉게 켜지면
다시 한번 출발이다

- 「토마토 신호등」 전문

위 시조 「토마토 신호등」은 신호등의 불빛에서 상기되는 도착(멈춤)과 출발(움직임)의 상대적 이미지를 "계절"에 실어 이를 주시한다. 흔히 "신호등"은 걷는 자를 중심으로 푸른색은 출발을 의미하고, 붉은색은 멈춤을 지시하는데, 하미정 시인은 독특하게도 "신호등/붉게 켜지면/다시 한번 출발"이라 적시한다. 이른바 화자의 위치가 건널목의 신호 경계선에 선, 차량 안에 머물러 있음을 알 수 있다. 특히 붉은색에 주목한 「토마토 신호등」은 "초록에 멈춰 선" 것의 의미가 '계절'에 대한 인식에 가닿아 '봄'의 설레는 초록빛으로 먼저 상기되어 "설익은 마음"과 잇대어져 있다. 무릇 "계절이란 무게에/휘청이는 줄기 하나"에 머문 화자의 시선은 시인의 봄에 대한 인식 즉 "설익은 마음"을 대변한다.

이른바 "신호등"의 붉고 둥근 빛에서 "토마토"를 연상한 위 시조는 "토마토 신호등"이라는 생기 있고 발랄한 이미지의 봄의 빛깔로 다시 명명되면서, 경쾌하고 선명한 신호등의 붉은 이미지를 부각한다. 이처럼 위 시조는 "토마토"가 붉게 영그는 "계절"로 이어진 '봄'의 설레는 "마음"이 "초록"을 지나 "붉"은 계절의 색채감으로 그려진 점이 돋보인다. 「토마토 신호등」은 신호등의 이미지와 신호 앞에 선 화자의 마음가짐이 초록과 붉음으로 연이어 변화되면서 '출발'과 '멈춤'이 "다시 한번 출발"하기 위한 전제로서 교차되고 있다. 요컨대 위 시조는 토마토의 붉은빛이 신호등의 붉은 빛에서 연상되는 하미정 시인의 색채적 이미지즘을 잘 엿볼 수 있는 시이다.

　　식탁 위의 형광펜
　　접시에 쓴 기출문제

　　뿌리내린 노을이며

땅속 밝히는 등대

주홍색
단검을 잡고
입안 슬픔 자른다

― 「당근」 전문

위의 시조 역시 "당근"의 색채 주홍빛을 잘 살려내고 있다. 위 시조에서 "당근"은 "형광펜", "노을", "등대", "단검"으로 묘사되고 있는데, "형광펜"의 경우는 기출문제를 상상하며 주홍빛으로 밑줄을 긋는 펜의 이미지로 다시 태어난다. "노을"은 하늘에 수놓은 노을빛인 주홍의 선명함으로, "등대"는 당근이 식탁에 오르기 전의 어두운 땅속을 밝히던 빛깔로, "단검"은 당근을 한 입 베어 물 때 입안의 슬픔을 잘라내어 잊게 해 주던 날카로운 단면으로 그 구체적인 이미지들을 제시하고 있다.

위 시조는 "당근"의 주홍빛 색채를 주목하다가 이내 당근의 기다란 형태로 관심이 이어지면서, 마침내 당근을 베어 문 기분이 부정적 감정(슬픔)에서 긍정적 감정(슬픔을 잘라냄)으로 전환되고 있다. 요컨대 위 시조는 '당근'이라는 사물의 형태적 특징(색과 모양)을 잘 살려내되 내재된 화자의 기분과 의미를 찾아내는 사물의 재해석으로, 시인의 유쾌하고 긍정적인 태도가 잘 전달된 시조라 할 수 있다.

　　주인 없는 바람이
　　꽃으로 접은 마음

　　잠 못 드는 새벽 벌레들 꿈을 지나

　　한 송이
　　적막을 붙잡고
　　날아가는 저 개화
　　　　　　　　　　　　　　　－「바람개비」 전문

　하미정 시인이 이미지즘에 뛰어난 능력을 갖췄음은 「바람개비」에서도 잘 드러난다. "바람개비"는 바람을 품고 되살아나지만 그 형상은 바람에 의해 피어나는 "꽃"을 닮아 있다. "주인 없는 바람이/꽃으로 접은 마음"에서 바람개비는 바람개비를 접은 자의 마음을 그대로 옮겨 온다. "꽃으로 접은 마음"이 바람에 의해 "개화"한다는 결구는 하미정 시인의 시적 발견으로서 돋보인다. 예컨대 "한 송이/적막을 붙잡고" 피어난 꽃의 "개화"를 보라. 하미정 시인의 시적 이미지즘의 선명성을 눈여겨보라.

약해졌던

마음에 초록 근육 붙는다

시간을 자른 단면

고였던 겨울 진액

한 접시

무쳐 나온 향이 봄을 달래달래

— 「달래」 전문

  이번 시집의 시제詩題가 포함되어 있는 단시조 「달래」는 봄의 의미를 각별하게 잘 살려내고 있다. 특히 "한 접시/ 무쳐 나온 향"이 짙은 "달래"를 통해 "약해졌던/마음"을 "달래달래"는 심미적 태도로 연결된 점은 탁월하다.

  "약해졌던/마음에 초록 근육"을 이어 붙인 시인의 "봄" 은 달래로 인해 "시간을 자른 단면"과 "고였던 겨울 진액" 의 괴괴한 시간을 회상하면서, "한 접시" "달래"가 품은 위안의 시간을 마주한다. 하미정 시인이 본성적으로 지니고 있는 동심動心이 있기에, 다정한 의태어 "달래달래"를 생성해 낼 수 있었을 것이라 생각된다. 위 시조는 이미지의 생성과 의미의 증폭이 수려하다.

빨강이 짐이 된다면

꽃을 놓아도 좋아요

화상 입은 담장에

꽃무늬 수를 놓고

오월이

진다 해도 우리

장미에서 만나요

-「장미에서 만나요」 전문

  5월의 꽃인 "장미"는 봄을 대표하는 상징적 의미로서의 '붉은' 꽃이라 할 수 있다. 붉은 것은 아름답지만 "짐"이 된다는 인식은 붉은 열기에 살이 데는 "화상"이라는 단어를 통해 다시금 상기된다.

  위 시조「장미에서 만나요」는 5월의 이미지가 "장미"로 대변되면서, 봄꽃의 아름다움과 동시에 붉은 상처의 가시 돋친 이미지를 장미에 중첩시키고 있다. 무릇 "담장"에 가득 피어난 "장미"의 "빨강"색은 "화상 입은 담장"의 모습으로 선명하게 표현되면서, 시인이 입은 내상(內傷)을 표출한다.

  그러나, 위 시조에서 시인은 붉음의 의미를 단지 아픈

상처로 제한하지는 않는다. 하미정 시인은 생채기(상처)가 승화된 붉은 "꽃"을 "장미"로 탄생시켰으며, 생채기에 "꽃무늬 수를 놓"기로 작정한다. "화상 입은 담장에/꽃무늬 수"를 놓는다는 것은 상처의 승화를 암시한다.

위 시조는 "빨강이 짐이 된다면/꽃을 놓"겠다는 전환적 시선이 삶의 비극성을 '삶의 진가眞價'로서 전회轉回시키고 있다. 하미정 시인은 도저한 감정의 절정絶頂을 이루는 '봄'에, 즉 "오월"에, 슬픔과 고통보다는 긍정과 성숙의 마음을 그 우위에 둔다. "장미에서 만나"자는 시인의 제안은 그러므로 겨울(현실)을 극복하고 대면하는 봄의 생동감을 우리 모두 한껏 느껴보자는 표현에 다름 아니며, 그 봄은 여전히, 겨울을 이겨낸 매우 활달하고 명랑한 기분으로 다가오는 '봄'임을 알 수 있다.

겨우내 멈춰 있던
기계가 돌아간다

봄바람 기름칠에 예열을 시작하더니

향긋한
꽃 팝콘들을
여기저기 쏟아낸다

─「피어나는 팝콘」 전문

  무엇보다 봄의 의미는 역시 개화開花에서 비롯되는 것일 터이다. 꽃의 개화를 "꽃 팝콘"이라 명명한 위 시조는 하미정 시인의 활달한 이미지즘이 여전히 잘 드러난다.

  위 시조에서 "피어나는 팝콘"은 꽃들의 만발한 모습을 잘 묘사한 것이다. "겨우내 멈춰 있던/기계가 돌아가"는 것은 "봄바람 기름칠" 때문이며, "향긋한/꽃 팝콘"이 펑펑 터지듯 꽃들이 피어나기 때문에, 그 봄은 싱그럽다. 위 시 역시 단시조의 명료함과 함축성 외에 시인의 개성 있는 시적 발상을 통해 '봄의 활기'를 잘 엿볼 수 있다.

    옥탑방에 삽니다
    꼭대기는 유리해

    날씨를 모아서
    옥상에 매답니다

    햇살이
    다시 출발선에
    돌아와 멈춥니다
─「봄으로 갑니다」 전문

하미정 시인의 시선은 긍정적이고 희망적이다. 위 시조에서 "옥탑방"은 가장 높은 지역이지만 가장 낮은 신분을 상징하는, 초라하고 움츠러드는 비천한 마음의 근거가 될 수 있는 장소라 할 수 있다. 그러나 시인은 "꼭대기는 유리"하다는 긍정의 마음을 내비친다. 왜냐하면 "옥탑"은 태양과 가장 가까운 곳이자 "햇살이 다시 출발선에/돌아와 멈추"는, 따뜻한 에너지가 충만한 곳이기 때문이다.

또한 위 시조의 시제詩題인 "봄으로 갑니다"를 통해 시인은 시상詩想을 선명하게 제시하는데, 무릇 겨울을 이기고 봄을 맞이하게 될 기쁨으로 가득 찬 기대감을 시제詩題를 통해 드러내면서, 옥탑방에 기거하는 현실적 어려움에 대한 극복을 확신한다. 「봄으로 갑니다」는 시조의 내용과 잘 연결되는 시제詩題가 흡인력이 있고 매력적으로 다가오며, 하미정 시인의 긍정적 시심이 시제를 통해 유감없이 발휘되고 있다.

 상해버릴 마음을 간장에 절인다

 밀봉된 슬픔들이
 견딜 만큼 익으면

 인생은

더 짜지지 않아

살만큼 간이 맞는다

-「장아찌」 전문

 상기하듯, 시인이 바라보는 삶의 곤궁함은 진정한 비극이 아니며, "장아찌"의 짠맛은 그저 짠 것이 아니라, "간이 맞는" 것이라는 해석 또한 하미정 시인이 지닌 긍정적 시선임을 엿볼 수 있는 지점이다. 문득 "상해버릴 마음"을 "간장에 절이"는 것은 시인의 일상이 타인이 흘린 말과 태도로 고통과 상처를 입는 보통의 삶임을 보여준다. 그러나 시인은 말하지 못하고 인내하는 "밀봉된 슬픔들이/견딜 만큼 익"고, 버티고, "살(아낼)만큼" 짠 정도임을 가늠하기에, 결코 "더 짜지지(는) 않"는다는 깨달음을 얻는다. 이 또한 삶의 지혜로운 태도이자 "장아찌"가 주는 오늘의 교훈임을 시인은 긍정적 태도로서 이를 관철하고 있다.

날카로운 햇살에 옆구리 찔린 날

오르막 마침표 찍는
아침이 오지 않아도

내일도

나의 계단은

　　명랑할 예정이다

　　　　　　　- 「명랑한 계단」 전문

　그런데도 삶은 여전히 "날카롭"고, "오르막"이며, "계단"으로 이어져서 힘겨운 여정을 답보하지만, 하미정 시인이 바라보는 세계는 아직 "명랑"하다. 최소한, 앞으로 한층 더 "명랑할 예정"일 것이다. 위 시조 「명랑한 계단」이 "오르막 마침표 찍는/아침이 오지 않아도" 명랑한 기분을 주는 것은 하미정 시조가 지닌 더할 나위 없는 활달한 이미지즘 때문이다. 그의 시를 읽는 지금, 현실의 슬픔은 잠시 내려놓고, 우리도 명랑한 기분으로 이내 전환될 것이 분명하다.

　　가을을 빌려와 그려낸 언어들이

　　마침표로 물들어
　　덧칠해진 순간

　　계절은
　　나의 색으로 변주되는 캔버스

　　　　　　　- 「단풍에 물든 시」 전문

이 글의 도입부에서 짧게 인용한 "계절은/나의 색으로 변주되는 캔버스"가 포함된 시조 「단풍에 물든 시」를 다시 읽어본다. 하미정의 시조는 '봄'으로부터 상기된 "계절"을 빌려와, "단풍에 물든 가을"로 자리하면서 "그려낸 (시인의) 언어"를 통해 함축된 단시조로 태어난다. 사물의 의미가 개성 있게 "변주"되면서, 삶과 영속되는 계절의 변화에 "물든 시"편들이 탄생한다.

　그렇다. 하미정 시인은 (특별히) 단시조의 멋과 맛을 잘 살려, 간결하면서도 선명하고, 사물의 특징을 잘 묘사하면서도 사물의 새로운 의미를 찾아내어, 봄과 여름, 가을 등 계절로 이어지는 삶의 변화와 영속성을 명쾌하게 짚어내면서도 활기차고 명랑한 시편들을 생산해 내고 있는 것이다. 단시조는, 짧게 구상된 깊은 의미의 깨달음이 전조轉照된 시의 형식이라는 사실이, 이번 하미정 시인의 시조에서 유감없이 펼쳐지고 있음을 확인할 수 있을 것이다.

상상인 시선 *050*

하미정 시조집

지은이 하미정

초판인쇄 2024년 8월 19일 **초판발행** 2024년 8월 26일
펴낸곳 도서출판 상상인 **편집주간** 황정산 **펴낸이** 진혜진
표지디자인 최혜원 **기획·마케팅** 전은빈 최유림 노혜림 정현수
책임교정 길상화 **편집** 세종PNP
등록번호 제572-96-00959호 **등록일자** 2019년 6월 25일
주소 06621 서울시 서초구 서초대로74길 29, 904호
전화번호 02-747-1367, 010-7371-1871
팩스 02-747-1877 **전자우편** ssaangin@hanmail.net

ISBN 979-11-93093-60-3 (03810)

값 12,000원

* 이 책은 2024년 대전광역시와 대전문화재단에서 사업비 일부를 지원받아 발간하였습니다.
* 이 책은 전부 또는 일부 내용을 재사용하려면 반드시 저작권자와 도서출판 상상인의 동의를 받아야 합니다
* 이 도서의 국립중앙도서관 출판시도서목록(CIP)은 서지정보유통지원시스템 홈페이지(http://seoji.nl.go.kr)와 국가자료공동목록시스템(http://www.nl.go.kr/kolisnet)에서 이용하실 수 있습니다.